HS 2016

„Frauen, wacht auf!

Was auch immer die Hürden sein werden, die man euch entgegenstellt,

es liegt in eurer Macht, sie zu überwinden. Ihr müsst es nur wollen.“

Olympe de Gouges
1748 – 1793

Frz. Revolutionärin
und
Frauenrechtlerin

Gewidmet

meiner Mutter

Theresia Perpetua

Ihre
Energie, Zuversicht, Begeisterung
und Lebensfreude, ungeachtet
aller Schicksalsschläge,
beflügeln mich
bis zum heutigen Tag!!!

Geliebte Wechseljahre

selbstbestimmt
+
glücklich

von

Ariadne De Saxon

Brigitte Meyer-Simon Verlag

Fotografie HS
Coverfoto
Helmut Seuffert
www.feine-bilder.de
Model: die Autorin

Covergestaltung
Christiane Fischbach
www.ansichts-sache.eu

Fotografie CF
Christiane Fischbach

Fotografie BMS
Brigitte Meyer-Simon

Fotografie SH
Shutterstock

Lyrik
Priska La Perra

HS 2016

Leben

Schmetterlinge, Honigduft,
rauschende Wälder, warmer Felsen,
glasklares Wasser, leise gurgelnd…

Aufbruch in deinem Innern.
Hörst du den Ruf?

Baden in Glückseligkeit,
aufgelöst in 1000 Tropfen Hingabe,
glitzernd, perlend, rein…

Pulsierendes Leben in allen Adern.
Du bist Luft, Wasser, Feuer, Erde…

CF

Ich möchte nicht bezweifeln, dass auch ein Quäntchen Glück dazugehören mag, Wechseljahre als tollste und interessanteste Zeit des Lebens erleben und genießen zu können.

Ein ganz großes Glück ist es aber, als freier Mensch in einem freien Land geboren und aufgewachsen zu sein. Ohne diese Freiheiten im Denken, Reden und Handeln könnte ich nicht auf diese Weise mein Sein reflektieren!

Diese Sicht auf mein Leben ist allerdings nicht vom Himmel gefallen. Es bedurfte einiger Krisen, unglücklicher Phasen, vieler Emotionen, innerer Kämpfe, Eigensinn und Selbstbewusstsein, um dahin zu kommen, wo ich heute bin!

Ich habe gelernt, zu MIR zu stehen!

Ich habe gelernt, NEIN zu sagen!

Ich habe gelernt, LOSZULASSEN!

Ich habe gelernt, FREI zu denken!

Ich habe gelernt, FREI zu reden!

Ich habe gelernt, FREI zu handeln!

HS 2016

Freiheit

Ich lasse meine Gedanken nicht zensieren,

fremde Gedanken mache ich nicht zu meinen.

Ich lasse mich nicht einsperren,

weder physisch noch psychisch.

Ich lasse mir keine Rolle zuteilen,

weder von Familie noch Gesellschaft.

Ich bestimme selbst über meine Gedanken,

meinen Körper und mein Handeln.

Ich akzeptiere weder Dominanz

noch subtile Manipulation.

Mein Credo sind die Menschenrechte.

HS

Wechsel–Jahre

Dieses Buch habe ich für Frauen geschrieben, die begreifen oder begreifen wollen, dass die Wechseljahre eine wertvolle Lebensphase und eine phantastische Zeit sind. Sie haben das Potential, zum Höhepunkt unseres Lebens zu werden. Für mich sind sie genau DAS!

Mit jedem Tag, den ich älter werde, wird mir das Geschenk der Natur deutlicher, für das ich immer mehr Dankbarkeit empfinde. Das klingt fast ein bisschen euphorisch und ich fühle mich in der Tat auch oft so.

Wie viele andere Frauen auch, habe ich ganz tolle, aber auch sehr unschöne, anstrengende, traurige und verzweifelte Zeiten erlebt. Stets hat mich der Wille getragen, mich niemals unterkriegen zu lassen und mein Leben immer wieder neu zu gestalten. Manchmal buchstäblich „koste es, was es wolle!“

Eigensinnig, rebellisch und trotzig, wie ich nun einmal war und bin, habe ich mir nach dem Fallen immer wieder den Staub von den Kleidern geklopft und bin weitergegangen. Dieses not-wendig hohe Maß an Flexibili-

„Du hast einen Platz auf dieser Welt;

es ist dein Leben.

Tue alles, um es zu dem Leben zu machen,

das du leben möchtest."

Mae Jemison

tät und die nötige Zuversicht haben sicher dazu beigetragen, mich jung zu erhalten. So hatte und habe ich weder Zeit noch Lust, mich mit Wechseljahrlamentos zu quälen.

Ich musste allerdings erst in die Wechseljahre hineinleben, um immer besser zu begreifen, wer ich bin, was ich will und vor allem auch, was ich NICHT (mehr) will! So, wie eine Bildhauerin die Figur aus dem Marmorblock erlöst, muss jede von uns IHRE einzigartige und unverwechselbare Skulptur im Lauf des Lebens erschaffen. Das ist ein immerwährender Prozess bis zum letzten Augenblick.

ICH möchte bestimmen, wie meine Skulptur am Ende aussehen wird und stelle mich inzwischen stur, wenn andere, ohne meine Zustimmung, nach IHREN Vorstellungen an mir herummeißeln wollen. In der Bearbeitung meiner Skulptur habe ich eine gewisse Kompromisslosigkeit entwickelt, die auf manche irritierend oder allzu radikal wirken mag.

Sei's drum!

Es hat lange gedauert, bis ich selbstbewusst und selbstbestimmt genug war, besonders im „zwischenmenschlichen Bereich", zu mir zu

In den Wechseljahren

wird nichts gewechselt.

Im Gegenteil!

Das, was ist, wird vollkommener!"

Ariadne De Saxon

stehen und nichts mehr zu tun, was ich nicht (mehr) tun will. Ich liebe meinen Weg und mein Umfeld hat sich bestens daran gewöhnt!

Viele Frauen empfinden die Wechseljahre als Einschränkung, Verlust an Attraktivität, Lebensqualität und Lebenskraft.

Sie haben aber viel mehr mit Freiheit zu tun!

Ich hatte nie Probleme mit dem Älterwerden. Im Gegenteil! Als ich 40 wurde, war ich freudig aufgeregt und fand es total spannend.

Als ich auf die 50 zuging, wurde mir mulmig!

Zu dieser Zeit befand ich mich in einer Beziehungskrise, die genau in die richtige Kerbe schlug und mir suggerierte, dass meine besten Jahre scheinbar hinter mir lagen…

Weit gefehlt!!!

Nachdem die 50er Hürde genommen war, begriff ich, dass überhaupt nichts Schlimmes passierte. Ich fühlte mich weiterhin wie ein Fisch im Wasser und entwickelte allmählich einen spielerischen Ehrgeiz, der Zeit ein Schnippchen zu schlagen…

„Wenn du einen Traum hast,

greife danach und höre niemals auf,

daran zu glauben."

Carol Burnett

Meine Wechsel-Jahre reihen sich aneinander wie Perlen auf einer Schnur. Jede Perle, die dazukommt, wirkt auf mich strahlender und schöner als die vorherige. Trotz vieler Turbulenzen und massiven Stress.

Wie kann das sein?

Meine 30er waren eine Zeit der Umbrüche.
Meine 40er waren eine Zeit der Neufindung.
Und meine 50er???

Es kristallisiert sich immer deutlicher heraus:

Meine 50iger sind eine Zeit der Selbstfindung!

Das Leben hat mir zu diesem Zweck einige handfeste Steilvorlagen geliefert, mit denen sich gut arbeiten lässt. Denn eines ist sicher:

Selbstfindung ist eine Herausforderung!

Die Möglichkeiten, ein Leben zu gestalten, sind so zahlreich wie die Sandkörnchen am Meeresstrand. Mir scheint der Verlauf des Lebens bis zum Beginn der Wechseljahre nicht ausschlaggebend dafür zu sein, wie man sie erlebt und gestaltet. Es ist unwichtig, ob wir Kinder und Enkel haben oder nicht. Ob wir

„Ich brauche keinen Mann,

um meine Existenz aufzuwerten.

Die intensivste Beziehung,

die wir je haben können,

ist die mit uns selbst.“

Shirley Maclaine

glücklich waren oder nicht. Ob wir Verluste erleiden mussten oder nicht.

Wie wir die Wechseljahre erleben, ist eine Frage der Einstellung zum Leben AN SICH.

Wir MÜSSEN uns entscheiden. IMMER und ZU JEDEM ZEITPUNKT unseres Lebens. Es sei dahingestellt, ob irgendetwas vorherbestimmt ist oder nicht. Es ist einfach klüger, die Fähigkeit zu trainieren, sich für etwas zu entscheiden, indem wir nach innen lauschen, um die leisen Stimmen zu vernehmen, die uns, wenn wir es zulassen, intuitiv das „Richtige“ raten wollen.

Glücklich sind diejenigen, die im Verlauf des Lebens die Kraft entwickelt haben, dem Älterwerden keck ins Auge zu schauen. Und glücklich auch jene, die es schaffen, diese Kraft zu Beginn der Wechseljahre zu finden! Oder mittendrin! Dazu ist es notwendig, sich des eigenen Wertes immer deutlicher bewusst zu werden und zur eigenen Individualität zu stehen.

Diese Wechsel-Zeit ist zum „Abnabeln“ gedacht. Dazu, den eigenen Weg zu finden und letztlich zu vollenden. Sie ist so etwas wie die letzte Tankstelle vor der großen Fahrt ins

„Niemand kann dir

ein Minderwertigkeitsgefühl aufzwingen

ohne

deine eigene Bereitschaft dazu."

Eleanor Roosevelt

Alter. Wer seinen Tank jetzt nicht auffüllt, bleibt vielleicht irgendwann auf der Strecke.

Diese Jahre sind zwar körperlich unfruchtbar, dafür aber können sie seelisch-geistig umso fruchtbarer sein. Sie sind eine phantastische Herausforderung und ich schätze mich glücklich, ihr begegnen zu dürfen. Es ist eine aufregende Zeit, für die ich gern die Ärmel hochkrempele und in die Hände spucke.

Mit steigender Lebenserfahrung wird es immer spannender und interessanter, den eigenen Standpunkt auszuloten und Erfahrungen zu reflektieren. Mein Leben gleicht einem Schwamm, der sich mit Erkenntnissen vollsaugt. Anstatt mich im Sumpf der alltäglichen Banalitäten zu verlieren, spüre ich immer intensiver das Bedürfnis, mehr darüber zu erfahren, woher wir kommen und was die Menschheit bewegt hat. Ich nehme mich immer mehr als Individuum wahr, das immer weniger wie ein Schilfrohr im Wind hin und her schwankt. Meine Gefühle und Emotionen gleichen immer noch oft einem Vulkan, der zu Explosionen aber keine Lust mehr hat!

Dem gigantischen Gefühl wachsender innerer und äußerer Freiheit kommt nichts gleich…

„Das Reich der Freiheit

ist im Reich der Notwendigkeit

ein notwendiger Traum."

Erich Fried

Was Freiheit für UNS bedeutet, müssen wir SELBST herausfinden. Das Leben ist zu komplex für einfache Lösungen. Es gibt Menschen, die scheinbar keinen Freiraum für sich brauchen, anderen ist Ein-samkeit und Allein-sein Lebenselixier.

Bei Weitem nicht alle können von sich behaupten, einen Job zu haben, der sie glücklich macht und nicht ständig an ihre Leistungsgrenzen treibt. Mit Freiräumen ist es da oftmals nicht sehr weit her. Zwischen 50 und 60, also mitten in den Wechseljahren, sind noch oder auch wieder viele Frauen beruflich aktiv. Unsere berufliche Tätigkeit hat einen enormen Einfluss auf unser Lebensgefühl. Wenn wir im Job unglücklich sind, nehmen wir dieses Gefühl natürlich in unser Privatleben mit hinein und siehe da, die Wechseljahre nerven uns noch mehr!

Auch hier bleibt uns keine andere Wahl, als uns „abzunabeln". Nicht in der Form einer „inneren Kündigung", sondern indem wir uns intensiv mit den Vor-und Nachteilen unseres Jobs auseinandersetzen. Arbeiten wir selbstständig und wären lieber Teammitglied? Sind wir in ein Team eingebettet und würden lieber eigenständig arbeiten? Was können wir

„Frei bin ich erst dann,

wenn ich allein entscheiden kann,

ob ich bleibe oder gehe,

wo oder wohin ich will."

Ariadne De Saxon

selbst zur Verbesserung unserer beruflichen Rahmenbedingungen beitragen? Wann immer wir das Gefühl haben, SELBST auf unsere Lage Einfluss nehmen zu können, sind wir glücklicher. Vielleicht wäre es erhellend, einmal Bücher über „Teamwork" zu lesen? Vielleicht fällt es uns dann leichter, auf Kolleginnen und Kollegen anders ein- und mit ihnen umzugehen. Vielleicht erkennen wir unsere eigenen Schrullen und Marotten besser, die andere bisher irritiert und das gemeinsame Arbeiten schwierig gestaltet haben.

Es wäre jedenfalls jammerschade, würden wir diese „einmalige" Lebensphase nicht zu unserem Besten nutzen und genießen!

Ich wünsche allen Frauen, die „in die Jahre kommen", ganz viel Kraft, Selbstbewusstsein, Selbstvertrauen, Neugier, Kreativität, Eigensinn, Eigeninitiative und Intuition, um ihren weiteren Lebensweg selbstbestimmt zu gehen. Niemand wird ihnen die Chance zu einem solchen Leben schenken. Sie müssen sie schon für sich reklamieren.

Wenn Wechseljahrsymptome Sie beunruhigen, nehmen Sie bitte auf jeden Fall professionelle Hilfe in Anspruch!

HS 2016

Träume

Die unerfüllten Träume lasten schwerer…
Die Zeit, nicht endlos mehr.
Ich kann und will sie nicht entsorgen:
mein besseres Ich, mein tolles Leben
und all die vorgehabten Heldentaten.
Ein Leuchten ist da immer noch
in meinen Augen und der Schalk
sitzt mir noch immer hinterm Ohr.
Im tiefsten Herzen bin ich Kind geblieben,
die junge Frau mit hübschen Zügen.

Will meine Träume weiterspinnen
mit Gold- und Silberfäden…

HS 2016

Sexualität

Keine Frau hat per se Probleme mit ihrer Sexualität. Diese entstehen logischerweise erst dann, wenn Ansprüche an sich selbst, an den Partner oder vom Partner gestellt werden. Sex ist mit Heilsversprechen und Heilserwartungen geradezu überfrachtet. Viele Frauen möchten ihren Partner nicht enttäuschen und versuchen, ihm mit Sex zumindest einen „Liebesdienst" zu erweisen.

Frauen können sich ihrerseits aber auch vernachlässigt und verletzt fühlen, wenn ihr Partner ihre Nähe nicht mehr sucht, weil er sie inzwischen „unattraktiv" findet oder selbst, aus welchen Gründen immer, keine Lust (mehr) hat.

Es scheint evident, dass sich Männlein wie Weiblein bei diesem Thema in vielen Fällen selbst ein Bein stellen. Sex ist nicht lebenswichtig. Sex hat die Wichtigkeit, die wir ihm zumessen. Wenn alle Welt glaubt, eine Beziehung stehe und falle mit dem gemeinsamen Sexleben, so sind Frustrationen und Enttäuschungen freilich nie sehr weit entfernt. Für viele Menschen ist es schwierig, sich vom

„Ich frage mich, warum heute

hinsichtlich der Sexualität

alles so sportlich geworden ist."

Hildegard Knef

„Mainstream“ nicht mehr beeindrucken zu lassen. Dies scheint mir aber die einzige vernünftige Lösung zu sein, wenn man sein Leben individuell genießen möchte.

Warum in aller Welt soll sich eine Frau oder ein Mann zu etwas überreden oder zwingen lassen, was er oder sie nicht (mehr) will???

Der Umgang mit Sexualität ist eine rein kulturell bedingte Angelegenheit!

Die Natur hat den Sexualtrieb „erfunden“, um in jungen Jahren durch Fortpflanzung die eigene Art zu erhalten. Wenn nun menschliche Wesen mit 50, 60, 70 und mehr Jahren daherkommen und erklären, sie „brauchen“ Sex, so stimmt das einfach nicht!

Sie WOLLEN Sex. Das ist der entscheidende Unterschied! Solange alle das Gleiche wollen, ist alles in Ordnung. Es ist DANN nicht mehr ok, wenn wir uns unter Druck gesetzt fühlen und Dinge tun, zu denen wir innerlich nicht (mehr) stehen wollen oder können.

Mit einem Sexverständnis, das Onanie zur Hauptbefriedigungsquelle erklärt hätte und es als vollkommen inakzeptabel ansähe,

„Das beste Aphrodisiakum für Frauen

sind Worte.

Der G-Punkt liegt in den Ohren.

Jemand, der da unten danach sucht,

verschwendet seine Zeit."

Isabel Allende

den Partner oder die Partnerin mit unerwünschtem Sex zu belästigen, wären wir erheblich glücklicher. Es gibt keine Verpflichtung zum Sex! Nicht innerhalb und erst recht nicht außerhalb der Ehe!

Wenn Menschen Spaß an Sex haben und Gleichgesinnte finden, so ist das ganz wunderbar und beglückend. Aber die sexuelle Lust ist nicht immer und zu jeder Zeit bei beiden Partnern gleich intensiv. Das wissen wir ganz genau und benehmen uns trotzdem wie kleine Kinder, die sich auf den Boden werfen, schreien und auf Wunscherfüllung bestehen.

Für eine Frau gibt es drei Möglichkeiten, ihr Leben in sexueller Hinsicht zu gestalten:

1.
Sie hat einen starken Sexualtrieb und lebt ihren Trieb aus oder auch nicht.

2.
Sie macht aus verschiedenen Gründen mit und fühlt sich damit mehr oder weniger wohl.

3.
Sie macht nicht (mehr) mit.

Die dritte Variante kann bedeuten, als Single durch das Leben zu gehen. Die erste Variante

„Platonische Liebe

ist

vegetarischer Sex."

Karl Weigand

habe ich zeitweise kennengelernt. Die zweite habe ich lange gelebt. Nun bin ich bei der dritten Variante angekommen. Ich kann es für die Zukunft nicht ausschließen, nochmals ein echter Single zu werden. Der Gedanke daran schreckt mich aber nicht. Ich wünsche mir Liebe und Zärtlichkeit ohne Sex. Wenn das nicht möglich ist, verzichte ich.

Wir reden viel von Gleichberechtigung und Freiheit, aber oft sind das reine Lippenbekenntnisse! Bei Sex scheint die Freiheit aufzuhören. Der fordernde Satz „Sex gehört einfach dazu" ist doch nichts anderes als ein egozentrisches Druckmittel.

Es gibt ein Forum für Asexuelle. Ich bin verblüfft, wie viele junge Frauen UND Männer überglücklich sind, dieses Forum entdeckt zu haben. Endlich ist der Druck von ihnen genommen. Endlich müssen sie nicht mehr glauben, sie seien nicht „normal" und benötigten einen Therapeuten. Hier kommt deutlich zum Ausdruck, in welch bedenklichen Bahnen sich die allgegenwärtigen Sexansprüche, die wir angeblich haben müssen, bewegen. Mit individueller Freiheit hat das nichts zu tun.
Fast alles, was wir zu diesem Thema lesen können, will uns suggerieren, dass ein Leben

„Was ist Sex doch für

eine primitive Angelegenheit.

Wenn eine Frau nur auf Sex zielt,

braucht sie sich nur

einen Sack überzustülpen

und drei Löcher hineinzuschneiden;

man weiß schon wo."

Coco Chanel

ohne Sex nicht lebenswert sei. Das ist purer Unsinn, der an der Realität vorbeigeht.

Solange wir am realexistierenden Sexverständnis festhalten, wird es auch weiterhin zu sehr viel Frust und Enttäuschung kommen. Da brauchen wir uns nichts vorzumachen! Es sei denn, die Partner und Partnerinnen akzeptieren die Unlust. Ich kenne solche „Fälle“ aus meinem Freundeskreis. Akzeptieren sie die Unlust nicht, wäre über die Möglichkeit einer offenen Ehe nachzudenken.

Das ist leichter gesagt als gelebt! Das Funktionieren einer offenen Partnerschaft setzt ein hohes Maß an Selbstständigkeit und emotionaler Unabhängigkeit voraus. Das können sich die allermeisten Menschen nicht als Option für ein gemeinsames Leben vorstellen. Aber was dann?

Kompromisse möchte ICH jedenfalls keine mehr eingehen. Sex oder sexuelle Berührungen sind mir inzwischen unangenehm und rufen in mir großen Widerwillen hervor.

Ich möchte nicht mehr zerzaust und mitgenommen aussehen. Mich ärgert von Bartstoppeln geschundene, gerötete Gesichtshaut und

„Wie viele Sorgen verliert man,

wenn man sich entschließt,

nicht etwas,

sondern jemand

zu sein."

Coco Chanel

malträtierte, ausgetrocknete Lippen werden spröde! Nasse Küsse mag ich nicht, weil ich mich vor der Spucke eines anderen Menschen in meinem Mund oder anderswo auf meinem Körper ekele, selbst, wenn ich diesen Menschen liebe.

Ich mag mich nicht mehr abschlecken lassen, weder im Gesicht noch sonst wo. Ich kann es nicht mehr ausstehen, wenn Pullover und Hosenbünde ausschlabbern, weil Hände sich ständig darunter schieben müssen oder ich nachts im Bett frieren muss, weil Nacktsein unbedingt erwünscht ist.

Das Bestehen auf bestimmte „Berührungspunkte“ ist mir unerträglich geworden. Ich nenne das „Dreipunktlandung“ mit oben zwei und unten einem Punkt. Ich möchte mich in meinem Sein nicht mehr darauf reduzieren lassen. Wie zärtlich das Miteinander sonst auch sein mag, es läuft schließlich IMMER auf diese „Dreipunktlandung“ hinaus.

MICH nervt das!

Meine Nase reagiert inzwischen noch viel empfindlicher auf Körpergerüche. Ich habe darüber hinaus auch nicht die geringste Lust,

HS 2016

Gleitcreme zu verwenden, nur damit ich beim „Akt“ nicht aufschreien und danach wochenlang mit Schmerzen herumlaufen muss.

Also, ich kann beim besten Willen nicht einsehen, warum ich mich quälen (lassen) sollte. Ich lasse mir auch von niemandem mehr einreden, dass mit mir irgendetwas nicht stimmt.

Mit MIR stimmt alles!

Es ist, wie es ist und ICH habe keinerlei Probleme damit, dass ich in einer asexuellen Phase bin. Ich bedauere das Fehlen all dieser sexuellen Gelüste nicht. Ich habe alles gehabt!

Nun genieße ich die Freiheit, NEIN zu sagen.

Ich fühle mich mit 58 in meiner Haut so wohl und unversehrt wie nie zuvor! Ich bin dabei weder gefühlskalt noch leidenschaftslos. Ich möchte meine Energie nur nicht mehr auf dieser körperlichen Ebene ausleben. PUNKT!

Es muss möglich sein, sich von diesem Spiel zu verabschieden, ohne als psychisch oder physisch „gestört“ betrachtet zu werden!

Haben wir doch den Mut, ehrlich miteinander

Männer verlangen

von den Frauen immer das Gleiche.

Frauen verlangen

von den Männern etwas Besonderes.

Sarah Bernhardt

zu reden. Zu sagen, was wir wünschen und was nicht. Was wir geben wollen und können und was nicht. Gibt es keine einvernehmliche Lösung, so wird am Ende vielleicht auch eine Trennung stehen müssen.

Wenn sie aus finanziellen oder anderen Gründen vermieden werden soll, so wäre es der Wertschätzung geschuldet, ein jeweils eigenständiges Leben führen zu können!

Verfolgt man das Thema Sex im Internet, öffnet sich ein Ozean an Beiträgen und Studien mit unterschiedlichsten Sichtweisen und Ergebnissen. Es scheint eine Menge Unsicherheit über das Thema zu herrschen. Sex wird oft wie ein imperativer Zwang gehandelt und keine Wahl gelassen. Je öfter und intensiver „Mann" oder „Frau" ES brauchen, umso „gesünder" sind sie, wird suggeriert. Kein Verlangen nach Sex zu haben scheint ein bedauerliches Handicap zu sein, dem unbedingt Abhilfe geschaffen werden muss.

Eine kleine Geschichte verdeutlicht das:

Eine Dame suchte einen Reisepartner, wollte aber keine sexuelle Beziehung zu ihm aufbauen. Es gab viele Antworten von weib-

„Jetzt in meinen Sechzigern,

entdecke ich endlich

die Quelle der Jugend:

einfach Spaß am Leben haben –

vor allem an den kleinen Dingen."

Sophia Loren

licher Seite, die fast alle der Ansicht waren, dass sie sich doch lieber eine ReisepartnerIN suchen solle, da ihr Wunsch unerfüllbar sei. Nicht wenige warfen ihr sogar vor, einen Reisepartner wohl nur ausnutzen zu wollen. Gemeinsam schöne Dinge erleben und nicht allein sein wollen, aber Sex ablehnen? Das ginge ja wohl gar nicht. So etwas liest man von den eigenen Geschlechtsgenossinnen!

Erstaunlich!

Es gibt VIELE Frauen in den Wechseljahren, die nur noch selten oder gar keine „Lust" mehr haben und auf Sex genauso gut verzichten könnten. Es wird allerhöchste Zeit, diesen Frauen das uneingeschränkte Recht darauf, keinen Sex mehr praktizieren zu wollen, ohne Verweis auf „Libidostörungen" zuzugestehen.

Was macht eine Frau nun, wenn sie gerne noch Lust hätte, aber keine mehr verspüren kann? Am leichtesten ist natürlich der Griff zu luststeigernden Mitteln. Abgesehen davon, dass die Einnahme mit gesundheitlichen Risiken verbunden sein kann, ist es eine grundsätzliche Überlegung, den Körper nur der Luststeigerung wegen mit Chemie zu belasten und gesundheitliche Risiken einzugehen.

„Es ist Lebenskunst.

Die schönen Dinge im Leben

nicht aufhören,

sondern ausklingen zu lassen."

Elisabeth Bergner

LUSTBAROMETER

Fragen Sie sich, auf was Sie Lust haben oder haben könnten. Ganz allgemein und unabhängig von Sex! Verbannen Sie Ihre Lustprobleme aus Ihrem Kopf. Erklären Sie sie für absolut unwichtig für Ihr Wohlbefinden. Kümmern Sie sich 4 Wochen lang nur um diese „sexfreien Lüste“. Haben Sie Spaß am Leben. Allein, zu zweit oder mit anderen.

Ziehen Sie nach diesen 4 Wochen Bilanz. Hat sich irgendetwas verändert? Vielleicht der Stellenwert von „Lust auf Sex“? Jammern Sie immer noch Ihren verlorenen Lustgefühlen hinterher oder haben sich ganz unerwartet „Lustgefühle“ in Situationen entwickelt, die Sie mit Sex gar nicht verbinden? Ist der Druck von Ihnen gewichen oder spüren Sie diese Verlustangst immer noch? Lust kann man nun einmal nicht kaufen, es sei denn als Chemie. Sie können es mit einer Therapie versuchen und mit Partnergesprächen. Aber je krampfhafter Sie der Lust hinterherjagen, umso sicherer entzieht sie sich.

Sie müssen sich nun entscheiden, denn Sie wollen Ihr Leben ja irgendwann auch wieder genießen! Nehmen Sie die Situation doch einfach einmal an und genießen Sie die unendlich

„Wenn Sex die natürlichste Sache

der Welt ist,

warum gibt es dann

so viele Ratgeber darüber?"

Bette Midler

vielfältigen Freuden des Lebens.

Gehen Sie über die körperliche Ebene hinaus. Vielleicht ahnen Sie noch gar nicht, wieviel Sinnlichkeit darin liegen kann, besondere Kunstwerke zu betrachten, sich ästhetischen Anblicken und Genüssen hinzugeben. Gehen Sie in die Natur und lauschen Sie den Geräuschen. Lassen Sie sich von Düften betäuben.

Genießen Sie das Schöne in jeder Form, wo immer es sich Ihnen bietet. Das Leben ist ein sinnliches Abenteuer! Sex ist nur eine der vielen Möglichkeiten, dieses Abenteuer auszukosten und beileibe nicht die aufregendste.

Meisterinnen und Meister der Sinnlichkeit müssen einander noch nicht einmal berühren.

HS 2016

Erotik

Sinnliche Erotik und toller Sex mit einem Partner, den man vielleicht schon Jahrzehnte in all seinen (auch unerotischen) Facetten kennt? Das ist allem Anschein nach eher die Ausnahme als die Regel.

Erotik ist nichts, was wir konsumieren können wie Sex. Wir können Erotik nicht herbeizaubern, noch befehlen. Sie blüht auf, trägt uns wie eine Welle, manchmal nur für Sekunden, vielleicht für Tage, vielleicht jahrelang, und wenn wir ganz viel Glück haben, hat diese EINE Person lebenslang eine erotische Ausstrahlung auf uns. Es sind keine abrufbaren Gefühle. Da helfen auch keine Sextoys oder was sonst noch alles als Stimulation herhält. Stellt sich dieses gewisse Etwas nicht von selbst ein, ist alles vergebene Liebesmüh!

Erotik ist ungleich subtiler als Sex. Sinnliche Erotik verlangt aber nicht unbedingt nach körperlichem Ausdruck. Erotische Gefühle finde ICH am aufregendsten, wenn es bei Andeutungen bleibt. Bei einem Blick oder einem flüchtigen Berühren „unverfänglicher" Körperstellen.

CF

Erotik ist ein Spiel mit den Sinnen und es gibt 1001 Situationen, in denen sie mal wie ein Windhauch, mal wie ein Sturm jede Zelle zum Vibrieren bringt. Diese „passive“ Erotik genieße ich sehr. Es ist auch ein Spiel mit Möglichkeiten, die sich nicht immer realisieren müssen! Herrlich, wenn ein erotisches Knistern unter die Haut geht und NUR eine unsichtbare Energie den Raum durchweht.

Aber sobald dieses Unfassbare, Unausgesprochene, Schwebende die materielle Ebene erreicht, kann der Zauber unversehens wie ein Kartenhaus in sich zusammenfallen.

Natürlich ist das schwer verständlich für Menschen, denen das Körperliche ALLES bedeutet. Sex ohne erotische Würze schmeckt für mich wie Suppe ohne Salz.

Vielleicht könnte sich zwischen so manchem Paar erneut erotische Spannung aufbauen, gäbe es im alltäglichen Umgang miteinander mehr liebevolle und romantische Momente, ohne dass am Ende immer der Sex folgte. Diese immer gleiche Aussicht törnt einfach ab!

HS

Asexualität

Ich bin immer wieder zutiefst erstaunt und verblüfft, dass gerade in unserer hochdifferenzierten Kultur beim Sex nach wie vor fast ausschließlich Schwarz-Weiß-Malerei betrieben wird. Sex gehört dazu und er hat bedingungslos Spaß zu machen. Wer das anders sieht, ist ein Spaßverderber.

Das ist eine sehr einfach gestrickte Sichtweise. Alle, die keine Lust auf Sex haben, sind demnach in irgendeiner Form gestört oder gar krank. Frei nach dem Motto: „Nicht sein kann, was nicht sein darf!".

Es gibt aber viele Menschen, die organisch kerngesund sind und trotzdem keine Lust auf sexuelle Interaktion haben. Vielleicht nur zeitweise, vielleicht ein ganzes Leben lang.

Aber: Asexualität ist nicht gleich Asexualität. Ein Blick auf das Asexuellenforum asexuality.org macht die große Spannbreite dieser sexuellen Orientierung deutlich. Sie reicht von „kaum Körperkontakt erwünscht" bis „alles, nur keinen Geschlechtsverkehr." Diese Gemeinde wird immer größer!

HS 2016

„Viele Asexuelle können andere als ästhetisch anziehend empfinden, aber sehen darin keinen Unterschied zum Betrachten eines schönen Gemäldes oder atemberaubenden Sonnenuntergangs. Andere können in der gleichen Situation sexuelle Empfindungen erleben, aber dennoch kein Verlangen danach, sexuell zu interagieren. Während sie sich dieser Anziehung also bewusst sind, haben sie dennoch keinen Wunsch, sie auszuleben." Zitat aus Aven.de „Fragen über Asexualität".

Dies sind nur zwei von vielen möglichen Empfindungen von Asexuellen.

Ganz wichtig ist also, dass Sie sich nicht unter Druck setzen lassen. Sie sind nicht allein mit Ihren Empfindungen und Sex gehört nun einmal NICHT für ALLE IMMER dazu!

Vielleicht schauen Sie sich einmal gemeinsam mit Ihrem Partner auf den entsprechenden Webseiten um. Zumindest erhöht sich so die Chance, dass Ihr Partner Sie ernst nimmt. Tut er dies nicht, so überlegen Sie einmal, was Sie schlimmer finden:

Ob Ihr Partner nicht bekommt, was er will oder ob Sie etwas tun, was Sie nicht wollen!

HS

Attraktivität

Wir haben Angst davor, für einen Mann nicht mehr attraktiv genug zu sein. Dieses Gefühl, das unsere Lebensqualität total beeinträchtigen kann, verschwindet in dem Moment, in dem es uns GLEICHGÜLTIG ist, ob ein Mann uns attraktiv findet. Ich möchte für MICH SELBST attraktiv sein!

Attraktivität ist nicht nur eine äußere, sondern vor allem eine innere Angelegenheit!

Wenn ich mit unserer Hündin herumtolle, springe und renne wie eine Wilde, mich bewusst bewege, meinen Körper und Geist fit halte, fühle ich mich attraktiv. Ich fühle mich oft noch so jung wie ein Fohlen. Das ist keine Frage des Alters, sondern der Einstellung.

Es bedeutet auch nicht, dass ich mich auf Teufel komm raus auf Jugendlichkeit trimme. Die Jugendlichkeit, die ICH meine, ist eine des Herzens, der Freude am Leben, so schwierig es auch oft sein mag. Eine Jugendlichkeit der Lust an neuen Ideen und an Kreativität, am inneren Weiterkommen und Wachsen. Es ist eine jugendliche Attraktivität, die ein

„Die Natur gibt uns das Gesicht,

das wir mit 20 haben.

Das Leben formt das Gesicht,

das wir mit 30 haben.

Aber das Gesicht, das wir mit 50 haben,

müssen wir uns selbst verdienen.“

Coco Chanel

noch junger Mensch niemals so haben und ausstrahlen kann. Anstatt stolz darauf zu sein, quälen wir unser Selbstbewusstsein und unser Selbstwertgefühl. Wer zwingt uns denn dazu, uns selbst ein Bein zu stellen?

NIEMAND!

Attraktiv wirkt, wer gepflegt ist.

Sich zu pflegen ist wohltuend und wirkt auf andere wohltuend.

Das ist keine Frage von teurer Kleidung, Schmuck, Parfüm und Make-up. Es ist eine Frage von Wasser, Shampoo und Duschgel, von Haarschnitt, körperlicher Fitness und Disziplin in den Essgewohnheiten.

Meine Waage zeigt mir seit über 25 Jahren Schwankungen max. im 1kg Bereich an und während all der Wechseljahre habe ich nicht ein einziges Gramm dauerhaft zugelegt. Das funktioniert nur deshalb, weil ich mich immer und immer wieder am Riemen reiße.

Niemand kann etwas an seinem Knochenskelett ändern, aber es liegt in unserer Hand, die Umhüllung dieses Skeletts zu beeinflussen.

„Lieber graue Haare

als ein graues Leben."

Ariadne De Saxon

„Ich esse doch nicht mehr als früher!“ Aber der Körper verarbeitet Nahrung anders, wenn er älter wird. Wir haben kein Problem mit der Nahrungsmenge, sondern mit der Umstellung der Nahrung auf die sich verändernden Bedürfnisse des Körpers.

MAKE-UP

Ich bin Fan natürlichen Aussehens und dezenter „Nachhilfe“. In meinem Beruf bin ich verpflichtet, Make-up aufzulegen. Ich gehe allerdings sehr restriktiv vor und lasse es mit einem Hauch Puder da und dort, Lippenstift und etwas Kajal auf den Augenlidrändern gut sein. Meine Haut dankt es mir! Make-up Partikel pflegen sich in den kleinen und großen Furchen zu sammeln und das Gesicht wirkt NOCH faltiger. Am besten immer wieder einmal zart über die Fältchen und Falten streichen, um die Partikel aus ihrem Versteck zu holen. Ich finde aber, dass wir es einfach nicht nötig haben, unser Gesicht zuzukleistern.

58 UND SCHON GANZ SCHÖN GRAU!

Meine mittellangen dunklen Haare sind durchwirkt von vielen Silberfäden. Wenn ich beruflich unterwegs bin, muss ich sie im Nacken zusammenbinden. Ich stehe ständig auf dem „Präsentierteller“ und begegne vielen

„Man glaubt gar nicht, wie viel

Hässlichkeit

die angestrengte Beschäftigung

mit der Schönheit erzeugt.“

Karl Kraus

Menschen. Immer wieder bekomme ich spontan Komplimente von Frauen UND Männern. Sie beglückwünschen mich zu meinem „Mut“ und sagen mir, wie toll meine „graumelierten“ Haare aussehen und wie gut sie mir stehen.

Frauen sagen mir oft, dass sie eigentlich auch viel lieber die Haare nicht mehr färben würden, sich aber nicht trauen...

Kaum jemand trägt noch seine „echte“ Haarfarbe. Wie die meisten anderen Frauen, habe ich mich vor einigen Jahren hinreißen lassen, meine Silberfäden zu färben. Es war eine dreistündige Prozedur, da jeweils nur winzige Strähnchen eingefärbt wurden. Ich wollte meine Silberfäden nicht ganz zum Verschwinden bringen. Das erste Mal war das Ergebnis phantastisch. Ich fühlte mich um 20 Jahre zurückkatapultiert. Leider bleibt die Zeit niemals stehen und meine Haare wuchsen nach.

Nach kurzer Zeit wurde der „originale“ Haaransatz immer sichtbarer. Also, nach wenigen Wochen war Nachfärben angesagt. Da es unmöglich ist, immer nur dieselben Haare wieder einzufärben, wurden es im Lauf der Zeit immer mehr dunkle und immer weniger silberne Haare. Nicht genug damit, veränderte

„Egal, was andere sagen,

ich allein entscheide,

wie ich aussehen will."

Dita von Teese

sich die Haarstruktur. Die Haare fühlten sich immer strohiger an und anstatt nur Shampoo zu verwenden, musste nun zusätzlich mit Haarkuren nachgeholfen werden.

Zu allem Ärgernis hörte ich kein einziges Kompliment mehr! Wofür auch? Ich hatte mich ja eingereiht in die Masse Frauen mit gefärbten, stumpfen und angegriffenen Haaren. Es brauchte zwei lange Jahre, bis meine Haare wieder im Originalzustand waren. Ich bin heilfroh darüber und darf mich jetzt wieder jeder Menge Komplimente erfreuen!

Die Natur produziert niemals „hässliche" Haarfarben. Wenn Sie Spaß am Experimentieren und jemanden haben, der ein Auge für passende Haarfarben besitzt, Ihre Haare und Ihre Haut(!) darüber hinaus robust genug sind, Farbe zu ertragen, dann färben Sie Ihre Haarpracht ruhig weiter.

Wenn Sie sich aber die Haare färben, um jünger und attraktiver zu wirken, kann ich Ihnen versichern, dass Sie Ihr Ziel auf diese Weise kaum erreichen werden.

Nichts wirkt auf andere attraktiver,
als in allem zu sich selbst zu stehen.

HS 2004

Fitness

Es ist für unser Wohlbefinden von essentieller Wichtigkeit, körperlich und geistig so lange wie möglich fit zu bleiben. Wir alle wissen das! Dennoch scheint es oft eine ganze Meute innerer Schweinehunde zu geben, die erfolgreich unsere Bemühungen blockiert. Wir sind unglaublich kreativ im Erfinden von Ausreden, warum wir ausgerechnet HEUTE keine Zeit haben! Wir schauen lieber im TV anderen Sportlerinnen zu und ziehen uns als Couch-Potato jeden TV-Mist rein, anstatt selbst zu denken und selbst zu sporteln. Verlagern Sie Ihren Fernseher möglichst in ein ganz und gar ungemütliches Zimmer und tun Sie selbst was! Allein, zu zweit oder mit Freunden und Bekannten.

Bitte alle Übungen mit Arzt und/oder Profi besprechen!

1) Ausgestreckt mit dem Rücken auf den Boden legen. Ein Bein anwinkeln und Fußspitze des gestreckten Beines strecken.

Arme hinter Kopf verschränken und Kopf leicht nach oben ziehen.

HS 2016

Gestrecktes Bein in gestreckter Haltung um 90 Grad nach oben heben. Einen Moment Anspannung halten und wieder absenken, dabei nicht den Boden berühren.

5-10x mit gestreckter Fußspitze,
5-10x mit angewinkelter Fußspitze.

2) Beide Beine gestreckt 90 Grad nach oben heben.

5-10x gestreckte Beine seitlich auseinander grätschen mit angewinkelter Fußspitze.

5-10x gestreckte Beine seitlich auseinander grätschen mit gestreckter Fußspitze.

3) Mit angewinkelten Beinen auf den Boden legen und Arme hinter Kopf verschränken.

5-100(!)x Kopf und Schultern hochziehen und wieder absenken (Bauchmuskeltraining!).

4) Gestreckten Körper 90 Grad jeweils rechts und links zur Seite auf die Hüfte drehen und Oberkörper auf Ellenbogen abstützen.

Oberes Bein gestreckt senkrecht nach oben ziehen und wieder absenken.

HS 2016

Dabei untenliegendes Bein nicht berühren.

5-10x mit gestreckten Fußspitzen.
5-10x mit angezogenen Fußspitzen.

5) Gleiche Körperlage wie Übung 4. Oberes Bein anwinkeln, mit Hand den Fuß umfassen und oberes Bein über unteres Bein heben. Fuß in Oberschenkelhöhe auf den Boden aufsetzen.

5-10x unteres gestrecktes Bein mit angewinkeltem Fuß anheben und wieder absenken und den Boden beim Absenken nicht berühren.

6) Mit angewinkelten Beinen auf den Rücken legen und mit den Beinen Radfahren.

Je nach Muskelkraft die Anzahl der Wiederholungen erhöhen.

Wann immer möglich, ob morgens am Waschtisch, auf dem Stuhl am Schreibtisch, beim Treppensteigen, im Gehen, Stehen, Sitzen, Liegen, überlegen Sie, wie die verschiedenen Muskeln bewusst trainiert werden können. Mit der Zeit wird das zur Routine und geht ins Unterbewusstsein ein.

HS 2016

Die Arme nicht vergessen. Ich benutze z.B. die unterste Treppenstufe zum Abstützen. Es gibt auch da zahlreiche Möglichkeiten.

Heben Sie die ausgestreckten Arme seitlich um 90 Grad nach oben. Winkeln Sie die Unterarme an, schließen Sie die Hände zur Faust. Dann Fäuste vor dem Gesicht gegeneinander drücken. Spüren Sie den involvierten Muskeln nach und spielen Sie mit ihnen. Schauen und spüren Sie, wie sich Ihre Brustpartie spannt und hebt. Drücken Sie die Fäuste einige Sekunden gegeneinander, lösen Sie den Druck und drücken Sie sie wieder gegeneinander. Dabei auch andere Körpermuskeln anspannen. Z. B. Bauchmuskeln, Pomuskeln, Beinmuskeln. Sie können sich dabei auf die Zehenspitzen stellen und versuchen, mit angespannten Beinmuskeln die Knie zusammenzudrücken. Der Phantasie sind hier nur Schmerzgrenzen gesetzt, die Sie unter keinen Umständen überschreiten sollten!

GESICHTSMUSKELTRAINING

Das Gesicht hat, je nach Quelle, zwischen 24 und 34 Muskeln. Jedenfalls genug, um damit zu spielen und sie zu trainieren! So, wie z.B. Beinmuskeltraining hilft, Ihre Beine zu konturieren, hilft Gesichtsmuskeltraining, Ihr

Jeder Mensch

trägt einen Zauber im Gesicht:

Irgendeinem gefällt er.

Christian Friedrich Hebbel

Gesicht zu konturieren.

Öffnen Sie Ihren Mund und formen Sie ein O. Legen Sie je einen Zeigefinger rechts und links an den Mundwinkel. Versuchen Sie, mit dieser O-Stellung zu lachen. Ihre Zeigefinger verhindern das „Breitziehen“ der Lippen.

Fühlen Sie Ihre Muskeln, spannen Sie sie bewusst an und spielen Sie mit ihnen. Das strafft auch die Kinnmuskeln.

Konzentrieren Sie sich auf Ihre gesamte Kopfhaut. Spielen Sie mit den Muskeln unter Ihrer Haarpracht. Konzentrieren Sie sich nun auf den Hinterkopf. Versuchen Sie, alle erspürbaren Muskeln zum Hinterkopf hinzuziehen. Formen Sie dabei einen „Kussmund“ oder einen O-Mund. Dabei spannt sich Ihre Gesichtshaut. Wenn Sie es im Spiegel verfolgen, entdecken Sie, wie Ihre Gesichtshaut sich strafft und glättet. Spannen und entspannen Sie Ihre Muskeln jeweils ca.10 Sekunden.

Ich habe mit 25 Jahren begonnen, die oben erwähnten Übungen zu machen. Seither mache ich sie (un)regelmäßig. Wenn man einen bestimmten Level erreicht hat, ist es auch nicht mehr besonders schwer, ihn zu halten.

HS 2016

Meine Bauchmuskulatur ist auf diese Weise enorm straff geblieben. Die Beinmuskulatur konturiert die Beinsilhouette und die Arme wirken nicht wie eine schlaffe, weiche Masse, die um die Knochen herumwabbelt.

FITNESS GRATIS!!!
Da kann sich niemand mehr rausreden…

Sagen Sie nicht, Sie hätten keine Zeit. Sie HABEN Zeit. Sagen Sie nicht, Sie brauchen jemanden, der sie mitzieht und unterstützt. Sie brauchen NIEMAND ANDEREN! Alles, was Sie brauchen, steht Ihnen zur Verfügung: zwei Quadratmeter Liegefläche, Möglichkeiten im Alltag und Ihr Körper.

Mein gesamter beruflicher und privater Alltag findet in einem unbegrenzten Fitnessstudio statt. Fast ALLES kann dafür herhalten! Ich hebe, stemme, ziehe, schiebe alles ganz bewusst und mache gern eine Übung daraus.

Zur körperlichen Fitness gehört natürlich auch die gute Ernährung. Was eine gute Ernährung beinhaltet, ist hinreichend bekannt. Obst und Gemüse sind meine täglichen Begleiter. Gegen Hunger wirkt bei mir eine Banane Wunder und natürlich versuche ich,

HS 2016

ausreichend zu trinken. Tipp: oftmals ist vermeintlicher Hunger nichts anderes als Durst!

Apropos Attraktivität und Fitness:

ICH RAUCHE NICHT!!!!!!!!!!!!

Unser Körper hat mit Umwelteinflüssen genug zu kämpfen. Warum sollte ich meinen Körper zusätzlich auf diese Weise belasten?

Und…Nikotinküsse sind einfach gruselig…

BMS

Beginn + Folgen

Ich erinnere mich ganz genau an den Ort, wo es zum ersten Mal passierte. Es war ein kalter Wintertag in Wien vor etwa 8 Jahren. Nach einem Museumsbesuch in der Albertina flüchtete ich mich über die Straße sogleich ins Café Mozart gegenüber. Es machte keinen Spaß, bei diesem Wetter durch die Stadt zu flanieren. Der eisige Wind aus dem Osten tat ein Übriges, um mich schnellstens wieder in eine warme Stube zu treiben. Ein herrlich wohliges Gefühl breitete sich in mir aus, als ich einen schönen Platz auf einer kuscheligen Sitzbank ergattert hatte. Ich bestellte mir eine heiße Schokolade mit Schlagobers. Gegen die gnadenlose Kälte hatte ich mich mit einem Rollkragenpulli und einem warmen Strickpullover gewappnet. Das heiße Getränk wärmte mich nun von innen und wäre ich eine Katze gewesen, ich hätte zu schnurren angefangen!

Plötzlich fühlte ich eine Wärme, die mir innerhalb weniger Sekunden Schweiß auf jeden Quadratzentimeter Haut trieb. Puuuuuhhhh! Mein dicker Pullover war wohl doch zu warm für hier drinnen und ich zog ihn schnell aus. Nach einigen Minuten flaute die Hitze im

„Wechseljahre:

Eine mentale Häutung,

bei der Altes und Verbrauchtes

abgestreift wird.“

Ariadne De Saxon

Körper ab und Kühle breitete sich aus.
Also, Pullover wieder an!

Ich stutzte!

Diese Art Hitze von Kopf bis Fuß samt blitzschnellem Schweißausbruch hatte ich noch nicht erlebt. Kündigte sich etwa eine Grippe an? Hatte ich womöglich schon Fieber? Aber nein, das konnte gar nicht sein! Ich fühlte mich doch überhaupt nicht krank.

Moment Mal!

Sollte das etwa…eine HITZEWALLUNG gewesen sein? WECHSELJAHRE!!! Es war also soweit! Es war eine beängstigende Erkenntnis. Wie würde es nun weitergehen? Was würde als Nächstes passieren?
Ich war wie betäubt. Wann würde mich wieder eine Hitzewelle durchfluten? Lange musste ich nicht darauf warten!

6-7-8-9-10-11… x täglich, natürlich auch nachts, ereilten mich die „Wellen". Erstaunlich fand ich, dass in diesen Minuten jegliches Gefühl für die Außentemperatur versagte. Ich, die ich stets eine Frostkatze gewesen war, riss mir nun nachts die Bettdecke vom Leib!

„Alternde Menschen sind wie Museen!

Nicht auf die Fassade kommt es an,

sondern auf die Schätze im Innern."

Jeanne Moreau

Ich habe mich über die Jahre daran gewöhnt und nun, mit 58 Jahren, weichen die hohen Wellen allmählich einem weniger häufig anrollenden sanften Wellenkräuseln und das tut guuuuuuuuut!!!

Ich habe all die Jahre nichts dagegen unternommen und diese körperliche „Beeinträchtigung" hingenommen. Es hätte schlimmer kommen können und die Hitzewallungen sind ohnehin alles, was ich in den vergangenen acht Jahren bewusst den Wechseljahrsymptomen zugeschrieben habe.

Ich sträube mich vehement gegen den Gedanken, die Wechseljahre könnten auf mich irgendeine negative Auswirkung haben. Ich lehne diese Möglichkeit strikt ab. Ich fühle mich fit wie ein Turnschuh, bin gelenkiger, trainierter und ausdauernder als mit Zwanzig. Dazu haben mit Sicherheit auch unsere Hunde sehr viel beigetragen. Ich bin diesen süßen Geschöpfen unglaublich dankbar, dass sie mich bei Wind und Wetter hinausgescheucht und körperlich herausgefordert haben. Tausende Kilometer Fußmärsche in flachem und hügeligem Gelände, teils auf allen vieren durch das Unterholz, gehen auf ihr Konto. In den Jahren, in denen ich mich in den

„Ich fürchte,

Anpassung

ist nicht meine Stärke."

Diane Keaton

Wechseljahren wähne, habe ich niemals nach Bestätigungen für die typischen Beschwerden gesucht. Ich empfinde das als reine Zeitverschwendung. Ich bin immer schon etwas vergesslich gewesen. Vielleicht jetzt noch ein bisschen mehr. Na und??

Ich habe immer schon ab und zu nachts wachgelegen und konnte schlecht einschlafen. Na und?? Natürlich war ich auch schon vor den Wechseljahren mal gestresst, traurig, niedergeschlagen, nervös, unruhig, ängstlich, gehetzt, unkonzentriert, unglücklich, müde, erschöpft und sicher nicht immer attraktiv.

NA UND???

Ich habe gelernt, aus mir herauszutreten und meine Gefühle zu beobachten. Ich verdamme sie nicht und fühle mich ihnen auch nicht mehr ausgeliefert. Zunächst nehme ich sie einfach an und sage mir, dass meine Gefühle in dieser Situation völlig in Ordnung sind. Ich bewerte sie nicht mehr. Dann überlege ich, was mir meine Gefühle bringen. Ob sie mir nützen oder eher schaden. Ich habe mich in meinem Leben von Gefühlen und Emotionen genug beuteln lassen. Es reicht und ich weigere mich, mir dies weiterhin zuzumuten!

„Weisheit stellt sich nicht immer

mit dem Alter ein.

Manchmal kommt auch

das Alter ganz allein.“

Jeanne Moreau

Es ist eine Binsenweisheit, dass jede Lebensphase ihre Vor- und Nachteile hat. Und seien wir doch mal ganz ehrlich zu uns selbst:

Vieles, worunter wir leiden, haben wir selbst verursacht. Wir sind einen bestimmten Lebensweg gegangen. In unserer heutigen Zeit wohl selten gezwungenermaßen. Vieles ist gut gegangen, anderes nicht. Für unsere Gesundheit und unser Aussehen hätten wir vielleicht viel mehr tun können, wenn wir nur in all den Jahrzehnten die nötige Disziplin, Ausdauer und den Willen aufgebracht hätten. Anstatt uns zu grämen und dafür zu schelten, sollten wir aktiv werden. Es ist NIE zu spät!!!

Was unser Wohlbefinden angeht, so ist es eine Überlegung wert, ob wir über viele Jahrzehnte bis zur Menopause unbedingt die Pille einnehmen sollten. Es scheint bei einigen Frauen der Fall zu sein, dass sie nach Absetzen der Pille besonders intensive Wechseljahrbeschwerden erleiden. Ich habe das Problem gelöst, indem ich mich zu gegebener Zeit sterilisieren ließ. Das war für mich die unschädlichste und verantwortungsvollste Lösung. Ich habe diese sehr persönliche Entscheidung bereits mit 30 Jahren getroffen und niemandem erlaubt, mir da hineinzureden.

CF

Selbstfindung

Machen Sie doch, was Sie wollen!!!!

Es gibt kaum jemanden, der die Wechseljahre mit dem Gefühl erreicht, alles richtig gemacht und nichts versäumt zu haben. Was es auch sei, wovon Sie noch träumen, fangen Sie es an. Wenn Ihnen der Realisierungs-Check sagt, dass keinerlei Aussichten auf Traumerfüllung bestehen, so geben Sie trotzdem nicht auf. Der Mensch muss träumen dürfen….

Nehmen Sie weniger Rücksicht auf Ihre Familienmitglieder. Die sind vermutlich inzwischen alle erwachsen und heilfroh, wenn sie ihrer Wege gehen dürfen. Vor allem sind SIE kein Kind mehr und niemandem zu Gehorsam verpflichtet. Sie haben eine Menge Verantwortung übernommen und jetzt ist es an der Zeit, die Regie für Ihr eigenes Leben wieder zu übernehmen. Gewiss, es gibt Notwendigkeiten, z.B. die Unterstützung für alternde Eltern. Das ist aber selbstverständlich. Es kommt nur auf die richtigen Absprachen an. In Ihrer Jugend haben Sie sich allmählich von zuhause abgenabelt und nun ist wieder eine Zeit gekommen, in der es gilt, sich abzunab-

„Ich wünsche mir nicht,

dass Frauen Macht über Männer haben,

sondern über sich selbst."

Mary Wollstonecraft

beln und Prioritäten zu verändern, die Sie verändern wollen. Und damit müssen Familie, Freunde und der Bekanntenkreis nicht unbedingt einverstanden sein! Es ist IHR Leben!

Genießen Sie es, sich erneut und intensiv auf eine innere Reise zu noch unerforschten oder inzwischen verschütteten Gebieten zu begeben. Was wollen Sie, was vermissen Sie, was ist zu viel? Wo liegen Ihre Stärken und Schwächen? Was tut Ihnen besonders gut und was nervt entsetzlich? Wären Sie gerne mal mehr alleine mit sich selbst? Würden Sie gerne mal ganz alleine in Urlaub fahren? Ein neues Hobby beginnen oder ein altes Hobby wieder aufnehmen? Würden Sie Ihr Leben gerne wieder selbständiger organisieren? Sie haben keine Lust, jeden Tag zu kochen? Dann tun Sie es nicht! Stellen Sie doch ruhig alle Gewohnheiten infrage und Ihr Leben auf den Kopf! Wagen Sie es!

Ihr Partner wird vielleicht irritiert, verunsichert, verärgert sein…

Aber es könnte durchaus sein, dass Ihr Partner wieder neugierig auf Sie wird und Ihre Aktivitäten, Ihre „neue" Eigenwilligkeit total spannend findet. Vielleicht ist er sogar er-

„Was Frauen noch lernen müssen,

ist, dass niemand ihnen Macht gibt.

Sie müssen sie sich nehmen."

Roseanne Barr

leichtert darüber und traut sich ebenfalls, seine verborgenen, nie geäußerten Wünsche zu äußern und zu erfüllen. Vielleicht werden Sie einander so dankbar sein wie nie zuvor!

Was auch immer passieren mag, es wird Sie weiterbringen. Es gibt nichts Vergleichbares zu dem Gefühl, sich selbst näher zu kommen und (wieder) Macht über sich zu gewinnen.

Die Wechseljahre sind keine Zeit für Lamentos! Sie sind die spannendste Zeit unseres Lebens, von deren Möglichkeiten alle Generationen vor uns nur träumen konnten…

SH

Freier Flug

Ich stehe an der Klippe Schwelle,
sehne mich nach freiem Flug.
Angst, dass ich am Fels zerschelle,
hält mich zurück. Es wär‘ nicht klug…

Des Meeres Glitzern unter mir
wirkt faszinierend, zieht mich an,
so dass ich Angst um Angst verlier‘.
Meine Schritte wagen sich heran…

Ich wünsch‘ mir so sehr diesen Mut,
Neues, Unbekanntes zu probieren.
Ich bin ganz sicher, es ist gut.
Was kann ich schon dabei verlieren…

So genieß‘ ich jeden Augenblick,
fühle diesen wundersamen Bann.
Ich weiß, ich will nicht mehr zurück
und dass ich gar nicht sterben kann.

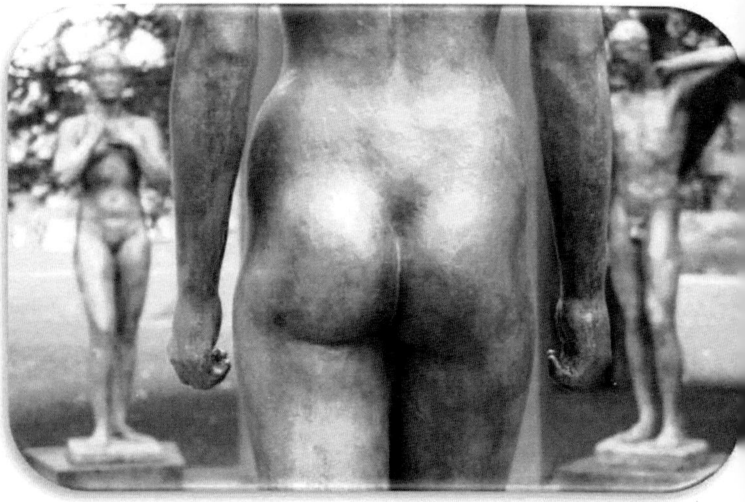

HS

Er geht fremd

Ich schloss die Wohnungstür hinter mir und als ich mich umdrehte, fiel mein Blick auf seine Tasche. Ohne darüber nachzudenken, folgte ich einem inneren Impuls und griff genau dorthin, wo ein länglicher Umschlag steckte. Mein Herz begann wild zu klopfen, als ich den Brief herauszog. Der Name der Absenderin war mir seit Kurzem bekannt. Ich spürte einen tiefen Stich:

„Geliebter xyz…."

Wie auf einem Silbertablett wurde mir auf vier Seiten die hocherotische und leidenschaftliche Liebesgeschichte meines Mannes mit einer 20 Jahre jüngeren Kollegin präsentiert.

Alles in mir begann zu schmerzen. Wie Fieber die Gedanken vernebelt, so breitete sich ein betäubendes Gefühl in meinem ganzen Körper aus. Ich fühlte mich wie in Watte gehüllt und fern schien mir die Welt da draußen.

Wieder und wieder holte ich den Brief aus der Tasche und las intensiv jedes Wort. Dies schien der Anfang vom Ende unserer Liebe…

„Die eigentliche Affäre

ist nicht das Problem,

sondern die Lüge hinterher.“

Hans-Ulrich Jörges

Die Zeit schien stillzustehen.

Ich begann im Wohnzimmer auf und ab zu laufen und flüsterte fortwährend: „warum, warum, warum…???"

Ein emotionaler Albtraum!

Diese Entdeckung hatte wahrlich Schockwirkung. Die Stunden schlichen so zäh dahin wie nie zuvor. Zukunft zerbröselte vor meinen Augen. Xyz war auf einer zweitägigen Veranstaltung und würde erst abends spät zurück sein, um früh am nächsten Morgen wieder zu verschwinden. Also war ich gezwungen, zwei Tage zu warten. Ich schrieb einen Brief und zerriss ihn. Ich schrieb einen zweiten Brief und zerriss auch diesen. Der fünfte Brief endlich brachte einigermaßen zum Ausdruck, was ich fühlte und dachte. Diesen Brief legte ich auf den Tisch im Wohnzimmer. Xyz übersah ihn natürlich. Bei mir im Bett angekommen, sagte ich nur zu ihm: „Ich habe dir einen Brief geschrieben". Wir sprachen nichts weiter…

Der neue Tag verlief nicht viel besser. Ich ertrug ganz einfach nur die Zeit und endlich war auch dieser lange Tag vorüber. Als xyz nachhause kam, lag ich bereits wieder im Bett.

„Ich bin der Überzeugung,

dass es kaum jemanden gibt,

dessen Intimleben die Welt nicht

in Staunen und Horror versetzte,

wenn es übers Radio

gesendet werden würde."

William Somerset Maugham

Er hatte den Brief nicht gelesen und meinte, er müsse doch erst einmal ankommen dürfen. Wir hätten doch nun einige gemeinsame Tage vor uns. Eine weitere Nacht ohne Gespräch wollte ich aber nicht aushalten. Wir setzten uns auf die Terrasse. Es war eine Sommernacht wie geschaffen für Romantik. Die lauwarme Luft war samtweich und der Vollmond goss sein mildes Licht über alles aus.

„Ich glaube, du hast mir bis jetzt noch nicht die ganze Wahrheit über dein Verhältnis zu abc erzählt."

„Wie kommst du darauf?"

„Ich möchte, dass du ehrlich zu mir bist."

Stille…

„Ich habe ihren Brief gelesen….!"

Totenstille…

„Was habe ICH dazu getan, dass du dir eine Geliebte genommen hast?"

Diese Frage hatte er nicht erwartet und wirkte etwas hilflos.

„Gefühle können, gleich einer Welle,

ihre individuelle Gestalt

nicht lange wahren.“

Henry Ward Beecher

„Du hast gar nichts getan. Ob jetzt oder später, es wäre einfach irgendwann passiert. Ich kann es dir nicht genau erklären."

„Du machst es dir wirklich einfach."

„Erotik ist eine unglaublich starke Kraft!"

Fasziniert und überrascht blickte ich auf den runden Mond, der sich in meinem Rotweinglas widerspiegelte. Eigentlich eine Nacht zum Dahinschmelzen...

„Liebst du sie?"

„Ja!"

„Du hast erzählt, sie sei verlobt und wolle nächstes Jahr heiraten."

„Ja!"

„Will sie dich nicht ganz haben?"

„Ich denke, sie würde sich für mich von ihrem Freund trennen."

„Wieso will sie ihn dann heiraten? Und du? Willst du dich nicht auch trennen?"

„Fremdgehen

hinterlässt das Gefühl

des Betrogenwerdens

in beiden Frauen."

Damaris Wieser

„Ich liebe dich ja auch."

„So, glaubst du!"

„Ja! Schau, ich kenne dich sehr gut und so, wie du heute reagierst, spricht einfach auch für dich! Welche Frau würde so relativ ruhig und gefasst reagieren? Die meisten Frauen würden ein Riesendrama daraus machen!"

„Das ehrt mich!"

„Verzeih' mir bitte! Ich weiß, dass ich dir sehr wehtue."

„Glaub' nicht, dass ich innendrin auch so gelassen bin!"

Nun rollten sie doch noch, die lieben Tränen. Er sprang auf, kniete sich vor mich hin und schaute mir flehend in die Augen.

„Du, ich will nicht weg von dir! Sie möchte Kinder haben. Aber das kommt für mich nicht mehr in Frage."

„Weiß ihr Freund von dir?"

„Ja, er hat einen meiner Briefe gelesen."

„Es ist gefährlich,

anderen etwas vorzumachen,

denn es endet damit,

dass man sich selbst etwas vormacht."

Eleonora Duse

„Und?"

„Er möchte sich auch nicht von ihr trennen."

„Das ist doch alles aberwitzig!"

„Nein, warum? Liebe ist nicht erklärbar und ganz einfach paradox!"

„Wie stellt ihr euch das weiter vor?"

„Wir haben uns ein Limit gesetzt. Ende des Jahres wird Schluss sein."

„Also, ihr wollt zum 31.12. euer Verhältnis abrupt beenden?"

„Ja!"

„Das klingt sehr sachlich-nüchtern. Geht so etwas überhaupt?"

„Von mir aus schon."

.....

Die oben beschriebene Situation und das Gespräch sind eine authentische Aufzeichnung einer Ehefrau nach der „Entdeckung"...

HS

Es ist auf jeden Fall besser, ein solches Gespräch zu führen, als durchzudrehen…

Es kann jeden treffen und je länger die Partnerschaft besteht, desto höher ist die Wahrscheinlichkeit eines Seitensprungs oder einer Affäre, die das Leben aus den Angeln heben kann. Es ist ein sehr schmerzhafter Moment, von der Untreue des Partners zu erfahren.

Mein Tipp:

Bewahren Sie Fassung!!!

Nichts verwirrt einen Mann mehr, als die nüchtern-rationale Reaktion seiner Frau auf sein Fremdgehen. Er wird alles erwarten, nur nicht die ruhige Frage nach dem Warum. Zeigen Sie in diesem Augenblick Souveränität. Sagen Sie ihm, dass sie verletzt sind. Aber sagen Sie es ihm so ruhig als möglich. Weinen Sie, wenn der Schmerz aus Ihnen heraus will. Aber werden Sie nicht hysterisch.

Seien Sie sich zu schade für eine Unterwerfung. Eine emotionsgeladene Wut- und Enttäuschungsreaktion IST eine Unterwerfung.

Bleiben Sie auf Augenhöhe!

„Eine schmerzliche Wahrheit

ist besser

als eine Lüge."

Thomas Mann

Eine emotionale Achterbahnfahrt wird sich, bei aller Bemühung um Gelassenheit und Souveränität, trotzdem kaum vermeiden lassen. Nichts ist mehr, wie es war, alles steht in Frage und auf schwankendem Boden.

Es beginnt ein ständiges Ringen um äußere Disziplin. Vor allem im Beruf fällt Konzentration schwer und in den unerwünschtesten Augenblicken drängen mit aller Macht die Tränchen in die Augen. Nichts macht mehr Sinn und innere Kälte breitet sich aus, wo einst das Herz erwärmt wurde. Gedanken purzeln den ganzen Tag und auch nachts durch alle Winkel des Kopfes. Muskeln tun plötzlich weh und lächeln ist nur noch unter großer Anstrengung möglich. Ist eine Scheidung die beste Lösung oder nicht? Welche Folgen hätte sie? Wie sehr müsste das eigene Leben umgekrempelt werden?

Ganz viele Fragen und zunächst keine Antworten. Wut wechselt sich mit Trauer ab und dann und wann blühen, je nach Umgang miteinander, zarte Reste der einstigen Liebe auf, die von der Enttäuschung aber schnell wieder verscheucht werden. Eine ganz und gar unerfreuliche Situation. Wenn dann auch noch die Geliebte auf den Plan tritt, um ihrerseits zu

„Es gibt Frauen, die ihre Männer

mit einer ebenso

blinden, schwärmerischen und rätselhaften

Liebe lieben wie Nonnen ihr Kloster."

Marie von Ebner-Eschenbach

versuchen, die Ehefrau unter der Gürtellinie anzugreifen und endgültig zu vertreiben, wird das Ganze vollends zur emotionalen Katastrophe. Es ist eine enorme Kraftanstrengung, da gelassen und souverän zu bleiben!

Eigentlich haben wir mit uns selbst ja schon genug zu tun und da kommt mir nichts, dir nichts, ein womöglich um Jahrzehnte jüngerer Hüpfer daher, um unsere mit viel Mühe und persönlichem Einsatz geschaffene Welt zu zerstören. Wir sind fassungslos, dass ausgerechnet UNS so etwas widerfährt!

Die körperlich-seelisch-geistige Auseinandersetzung mit dieser Situation kostet immens viel Energie. Das macht uns noch viel ärgerlicher, weil wir es als Energieverschwendung empfinden. Unser ganzes Sein ist total aufgewühlt und durcheinander. Zwischendrin werden wir plötzlich stolz und denken „Der kann mich doch mal! Ich brauche ihn nicht! Was bildet er sich eigentlich ein? Soll er doch verschwinden und sich die Hörner abstoßen!“

Bitte keine voreiligen Schnellschüsse, die Sie schon am nächsten Tag bereuen könnten!!!!

Lassen Sie zunächst alles beim Alten!

HS 2016

Die einzig wichtige Frage lautet jetzt:

Wie kommen SIE am besten und unversehrtesten aus dieser Situation wieder heraus? Machen Sie keinen Platz. Werfen Sie ihn auch (noch) nicht hinaus. Das ist erst der Anfang und noch nicht das Ende. Sie sollten dieses Ende niemals leichtfertig vorwegnehmen!

Stehen Sie diese ziemlich unangenehme Zeit durch, so gut Sie irgendwie können. Leben Sie Ihr ganz normales Leben weiter. Unternehmen Sie schöne Dinge. Allein, mit einer Freundin oder mit mehreren Freunden oder Bekannten gemeinsam. Genießen Sie alles, was Sie nur genießen können. Fragen Sie ihn nicht, ob er mitkommen will. Er hat wohl jetzt mit SICH genug zu tun… Machen Sie sich schön, seien Sie distanziert-freundlich-liebevoll-verständnisvoll.
Ja! Verständnisvoll!!!!!!

Was auch immer der Grund für eine „Neue“ war, es GIBT EINEN! Diesen Grund kennen Sie vielleicht noch nicht genau. Also, schütten Sie nicht das Kind mit dem Bade aus.

Irgendwann sollte der Verstand wieder die Oberhand über die Emotionen gewinnen.

Die Gelassenheit

ist eine anmutige Form

des Selbstbewusstseins."

Marie von Ebner-Eschenbach

Dann erst machen ernsthafte Gespräche Sinn. Millionen Gedanken sind Ihnen bis dahin durch den Kopf geflitzt. Sie haben hin und her überlegt, verschiedene Szenarien durchdacht. Sie haben Ihre Beziehung Revue passieren lassen, die schönen, guten Tage und die schlechteren. Eine Statistik der Gesellschaft für erfahrungswissenschaftliche Sozialforschung ergab, dass nur jeder zehnte Ehemann seine Frau für die Geliebte verlässt. Überlegen Sie sich somit in aller Ruhe, ob SIE sich trennen wollen und wie und wann. Geben Sie die Fäden nicht aus der Hand und lassen sie sich diese Fäden auch nicht aus der Hand nehmen!

SIE haben erst mal keinerlei Handlungsbedarf! Warten sie genüsslich ab!

Lassen Sie Gespräche nicht eskalieren. Machen Sie deutlich, dass Sie so sachlich und nüchtern als möglich über die Situation und ihre Folgen sprechen wollen. Sex wird mit Sicherheit einer der Fremdgeh-Gründe sein. Da stellt sich die Frage, wie Sie zukünftig mit diesem Thema umgehen wollen. Ihre Lust dürfte Ihnen vergangen und sie wiederzubeleben schwierig sein. Da liegt eben auch ein kleiner, feiner Unterschied zwischen Männlein und Weiblein. Frauen erleben Sex ge-

„Ein Flirt ist wie eine Tablette:

Niemand kann

die Nebenwirkung genau voraussagen.“

Catherine Deneuve

samtheitlicher. Sollte das Liebesporzellan nicht ohnehin in Scherben liegen, so wird es zumindest einige Sprünge haben. Es wird immer die Frage im Raum stehen, wann der nächste Seitensprung erfolgt oder ob WIRKLICH Schluss mit der Geliebten ist. Da kann Frau sich nicht so einfach fallen lassen.

Es sei denn, Sie machen aus der Not eine Tugend und vereinbaren volle Freiheit füreinander. Wenn Sie sich aus welchen Gründen immer (noch) nicht trennen wollen, ist das möglicherweise eine kluge Lösung. SIE zeigen Souveränität und ER braucht kein schlechtes Gewissen zu haben. Mit Ihrem Verhalten werden Sie ihn nicht vertreiben, sondern er wird sich überlegen, was er doch eigentlich für eine tolle Frau hat. Vielleicht springt in dieser Zeit ja auch SEIN Verstand wieder an! Lassen Sie es darauf ankommen!

Wenn nicht, dann nicht. Finden Sie in Ruhe heraus, wie Sie sich Ihr Leben weiter vorstellen können. Mit ihm und ohne ihn.

Das gilt mit allem Nachdruck erst recht, wenn Ihr Göttergatte ein uneheliches Kind in die Welt gesetzt hat…

HS

EHE-ZUG

Auf eingefahrenem Gleis

rollt er dahin.

Die Weichen

ordentlich gestellt.

Vorbei an

atemberaubenden Landschaften

und pulsierenden Städten.

Anhalten!

Aussteigen!

Leben wollen…

HS

Sie geht fremd

Was ist mit Ihren eigenen Seitensprüngen? Versuchen Sie, es besser zu machen. Reden Sie VORHER mit Ihrem Partner. Über die schönen und guten Seiten ihrer Beziehung und über das, was Ihnen fehlt. Sie sind eine kluge, reife und selbstbewusste Frau, die es nicht nötig hat, ihren Partner hinter dessen Rücken zu betrügen und dann so zu tun, als wenn nichts wäre. Reden Sie mit ihm über Möglichkeiten und Wünsche und wie Sie gemeinsam damit umgehen wollen. Heimlich eine, womöglich längere, Beziehung zu beginnen, ist lieblos, rücksichtslos und bringt Sie kein Stück weiter. Sie werden nicht sehr lange Spaß an der Liaison haben, weil Sie immer die Angst vor Entdeckung verfolgen wird. Wie kann man seinem Partner da offen in die Augen schauen? Wagen Sie Offenheit!

Wenn Sie Ihre Angst vor dieser Art von Offenheit nicht verlieren, werden Sie sich niemals wirklich frei fühlen. Frei, alles zu denken und zu sagen. Danach kommt die Freiheit des Handelns und im Idealfall haben Sie sich mit Ihrem Partner über ihre Freiheiten geeinigt. Ist eine Lösung zur beiderseitigen Zufrieden-

„Die Frau ist die einzige Beute,

die ihrem Jäger auflauert.“

Jörg Knör

heit nicht in Sicht, dann machen Sie ihm deutlich, dass Sie nicht gewillt sind, auf Dauer Ihre Hoffnungen und Wünsche zu begraben. Gehen Sie mit Freunden aus, bemühen Sie sich um neue und interessante Kontakte.

Lassen Sie sich nicht unter Druck setzen.

Wenn wir nicht lernen, in aller Offenheit mit diesem Thema und miteinander umzugehen, werden wir weiter unnötig aneinander leiden.

HS 2016

SPRACHLOS

Tiefe Unzufriedenheit

hast du gespürt.

Alles sei gut,

hast du gesagt.

Im falschen Glauben

hast du mich gelassen.

Tiefe Verunsicherung

habe ich gespürt.

Alles ist gut,

habe ich mir gesagt.

Wider besseres Wissen!

Warum?

CF

LOSLASSEN

Was haben wir nicht schon alles losgelassen:

Menschen, Dinge, Wünsche, Hoffnungen...

Jeden Abend müssen wir den vergangenen Tag loslassen, der uns wieder 24 Stunden älter werden ließ. Glückliche Situationen und wunderbare Momente können wir nicht festhalten. Unser Leben treibt in einem Fluss von der Quelle bis zur Mündung. Ein paar Tropfen zunächst, bald ein Bächlein, schwillt der Lebensfluss an und wir holpern und gurgeln mit ihm über Hindernisse hinweg, stürzen über Stufen hinab, treiben im breiten Strom dahin, mäandern mit und wissen nicht, was uns hinter der nächsten Kurve erwartet.

Gegen den Strom schwimmen? Ja, natürlich! Warum sollten wir immer nur in EINE Richtung schwimmen? Gegen den Strom zu schwimmen hat etwas ungemein Kräftigendes! Dann wieder lassen wir los und genießen es, uns kräfteschonend treiben zu lassen. Trotzdem müssen wir immer aufpassen, dass wir nirgends hängen bleiben oder ungewollt an Land gespült werden. Im Lauf der Zeit

„Loslassen:

Etwas niederlegen können,

ohne es als Niederlage

betrachten zu müssen."

Henriette Wilhelmine Hanke

entwickeln wir ein Gespür für die Strömungen und wie wir am besten mit ihnen umgehen können. Wir lernen, wann wir uns treiben lassen oder schwimmen sollen.

Übersehen wir während dieser Reise nicht die Schönheiten am Ufer und die wunderschönen Flusslandschaften, die wir durchqueren! Haben wir unterwegs ab und zu Lust, ans Ufer zu schwimmen, uns auszuruhen und die Umgebung näher zu erkunden? Bei diesen Ausflügen entdecken wir das eine oder andere, was wir unbedingt mitnehmen wollen.

So kommt es, dass wir uns die Weiterreise im Fluss erschweren…

Aber, anstatt zu SEIN, wollen wir HABEN!

Je eher wir begreifen, dass wir uns selbst behindern, desto eher können wir unnötigen Ballast abwerfen. Emotional und materiell!

Was beschwert und drückt uns fast unter Wasser? Was ist es, das uns das Wasser bis zum Hals stehen lässt? Sozusagen Unterkante Oberlippe? Was ist wertvoll und leicht zugleich, so dass wir es auf unserer Weiterreise mitnehmen und uns daran erfreuen können?

„Für dein Leben bist du

selbst verantwortlich.

Du kannst nicht andere für

deine Fehlfunktionen beschuldigen.

Im Leben geht es ums Weitergehen."

Oprah Winfrey

Wie kurz oder lang unser Lebensabenteuerfluss ist, wissen wir nicht. Wir können uns nicht darauf verlassen, eines Tages die Meeresmündung zu erreichen.

Auf unser Leben in der Welt übertragen heißt das nichts anderes, als immer wieder alles auf den Prüfstand zu stellen. Sobald Gewöhnung eintritt, sollten wir aufpassen.

BMS

Ent–täuschung

Ich sehne mich zurück
nach ruhigen Stunden,
als tiefer Frieden mich durchdrang…

Umspielt von sanftem Wind
und klarer Luft erwacht‘ ich,
sah die Welt in ungeahnter Pracht
und hoffte, Disteln würden Rosen sein…

Doch Stürme zogen auf
und rissen allen Rosenduft mit sich,
den ich den Disteln für mich eingehaucht.
Eiskalte Winde zerrten…

Die Seele fror und halb erfroren
schrie sie nach Wärme, Duft und Glanz.
Verwundet blieb sie in den Disteln hängen…

CF

Individualität

Als ein Herz und eine Seele durch das Leben zu gehen, ist der Traum aller Paare zu Beginn ihrer Beziehung. Wir alle wissen hinlänglich, dass viele dieser Träume früher oder später wie Seifenblasen zerplatzen. Der Traum von der großen Verschmelzung hält dem Druck der Realität oft nicht stand. Wenn wir die Wechseljahre überhaupt gemeinsam erreichen, hat sich in vielen Fällen bereits Ernüchterung eingestellt und die einstigen Wünsche und Hoffnungen haben sich in vielen kleinen und großen Kämpfen oder auch resigniert der Realität angepasst.

Individualität scheint nicht in eine Beziehung zu passen. „Wenn Du mich wirklich liebst, dann…" ist einer der beliebtesten Sätze, mit denen immer wieder versucht wird, einander auf Linie zu bringen und zu halten. Jeder Versuch, die vorgegebenen Rahmenbedingungen zu verändern, erregt zunächst einmal den Unmut des Partners, der seine Gewissheiten in Gefahr sieht. Natürlich gibt es Paare, denen diese immerwährende Gratwanderung problemlos gelingt und an denen wir uns nur allzu gern orientieren würden. Statistiken belegen,

„Ich frage mich manchmal,

ob Männer und Frauen

wirklich zueinander passen.

Vielleicht sollten sie einfach

nebeneinander wohnen

und sich nur ab und zu besuchen."

Katherine Hepburn

dass dies leider nur einer kleinen Minderheit Glücklicher gelingt. Vor allen Dingen wissen wir nicht, was für ein persönliches Glücksrezept die beiden derart zusammenhält. Vielleicht ist es ja GERADE die Erkenntnis, dass es ohne Ausleben der Individualität auf Dauer kein wahres Beziehungsglück geben kann. Individualität ist nicht der Tod einer Beziehung, sondern ihr Lebenselixier!

Nun sind wir also in den Wechseljahren angekommen. Wie auch immer Individualität bisher gelebt wurde, jetzt ist die Zeit, endgültige Weichen für ein Zusammenleben im letzten Drittel des Lebens zu stellen. Viel Zeit, Fehler, die jetzt gemacht werden, zu korrigieren, bleibt nicht. Unerfüllte Wünsche haben jetzt ihre Chance oder niemals mehr.

Regen Sie an, dass Sie und Ihr Partner jeweils eine eigene Liste mit Wünschen, Hoffnungen und Vorstellungen für die Zukunft erstellen. Versichern Sie sich gegenseitig, dass sie einander bedingungslos ernst nehmen und bei den folgenden Gesprächen sachlich bleiben wollen. Schreiben Sie sich auf einer zweiten Liste alles von der Seele, was Sie stört und unzufrieden sein lässt, was Sie bedauern und wo sie Defizite fühlen und sehen.

„Wenn eine Frau

sich selbst die beste Freundin ist,

wird das Leben einfacher."

Diane von Fürstenberg

Sie werden dieses „Spiel“ zunächst einmal für sich selbst erhellend und bereichernd finden. Die eigenen Gedanken zu sortieren und niederzuschreiben verlangt genaues Hindenken, Hinsehen und Hinfühlen.

Wenn Ihr Partner Probleme damit hat und Ihre Idee als „Quatsch“ abtut, dann ist dies seine persönliche Entscheidung. Lassen Sie sich davon weder beeindrucken noch beirren. Nehmen Sie ihm seinen Unwillen, sein Unverständnis, vielleicht auch eine gewisse Scham, sich zu „outen“, nicht krumm. Machen Sie es ihm einfach vor! Das nimmt ihm möglicherweise die Scheu und könnte ihn dazu animieren, sich ein Herz zu fassen. Wenn Sie beide diese Hürde überwinden können, wird das für Sie und Ihren Partner ein ganz tolles Erfolgsgefühl sein, denn Sie beeindrucken einander mit Ihrem souveränen, respektvollen und wertschätzenden Umgang miteinander.

Auf dieser phantastischen Grundlage können Sie beginnen, über die Punkte zu sprechen. Sollten Sie einen Partner haben, für den das alles nur „Psychokram“ ist und der sich partout nicht bereit erklären kann und will, mit Ihnen diesen Weg zu versuchen, dann lassen Sie es erst einmal gut sein. Seine momentane

„Die glücklichen Sklaven

sind

die erbittertsten Feinde der Freiheit.“

Marie von Ebner-Eschenbach

Ablehnung sollte Sie keinesfalls daran hindern, Ihren eingeschlagenen Weg weiterzugehen. SIE interessieren sich brennend für Ihre Zukunft und haben jedes Recht, Ihre Zukunft individuell zu gestalten. Wenn in einer Beziehung einseitig Initiative ergriffen wird, kann dies auf der „passiveren" Seite Ängste auslösen. Sie werden vielleicht erleben, dass sich Widerstand regt. Haben Sie erst einmal Spaß daran gefunden, die Regie für Ihr Leben in die eigenen Hände zu nehmen, lassen Sie sich nicht mehr zu Ihren Ungunsten beeinflussen.

Wann, bitte, haben wir in unserem Leben über einen längeren Zeitraum hinweg wirklich genau DAS getan, was wir wollten? Mit viel Glück haben wir uns mal eine Weile in aller Freiheit ausgetobt. Doch wie ein Magnet zogen wir immer wieder eine bessere oder schlechtere Hälfte an, taten uns zusammen und vorbei war es erneut mit unserer Freiheit.

Wie viel Kreativität und wundervoller Eigensinn sind auf diese Weise schon den Bach runter und verloren gegangen? Als selbständig denkende und handelnde Wesen ohne Beziehungsstatus fühlen wir uns nach kurzer Zeit geradezu verloren. Singles betrachten wir zumeist als bedauernswerte Wesen.

„Liebe

ist die einzige Sklaverei,

die als Vergnügen empfunden wird.“

George Bernard Shaw

Erst recht nach Jahrzehnten der Partnerschaft kann uns selbständiges Denken und Handeln so fern wie die nächste Galaxie erscheinen. Es gleicht einem aufregenden Abenteuer und Wagnis, eingefahrene Gleise zu verlassen und uns intensiv mit uns selbst auseinanderzusetzen. Dabei kann uns die Frage umtreiben: „Darf ich das und was passiert dann?“.

Natürlich dürfen wir, weil es unser naturgegebenes Recht ist, über uns zu verfügen!

Und was passiert dann?
Wir fühlen uns unendlich beflügelt!

Von allen Seiten wird uns eingeredet, wie individualistisch und besonders wir doch seien, wenn wir…

…DIESE Mode mitmachen,
…DIESEN Haarschnitt tragen,
…uns DIESES Parfüm gönnen,
…DIESE Sexspielchen mitmachen,
…DIES und JENES tun,
was gerade ANGESAGT ist.

„Echte“ Individualität ist in Wahrheit etwas, das wir in unserem Leben kaum jemals kennengelernt haben!

„Tun Sie, was Sie für richtig halten.

Es wird immer jemanden geben,

der anders denkt."

Michelle Obama

Dann wird es allmählich Zeit!

JETZT ist die BESTE Zeit!

Wollen Sie wirklich eines Tages diese Welt verlassen, ohne erfahren zu haben, wie es ist, ganz bei Ihnen selbst gewesen zu sein?

Selbstverwirklichung nennt man es auch und nicht wenige begegnen dem Wunsch danach mit verachtungsvoller Gebärde. Meistens diejenigen, die nie die Möglichkeit dazu genutzt haben und nun voller Enttäuschung ihren verpassten Chancen hinterher und voller Neid auf SIE schauen.

HS

Chancen

Keine Generation vor uns hatte jemals solche Möglichkeiten, wie wir sie genießen können. Noch dazu leben wir in einem Teil der Welt, der uns ein hohes Maß an persönlicher Freiheit garantiert. Vieles ist auch bei uns noch verbesserungsfähig und, wie wir immer wieder beunruhigt erfahren, wir müssen die Freiheit immer wieder neu beleben und leider immer wieder auch verteidigen.

Unsere Freiheit ist kein unumstößliches Gut, dessen wir uns für allezeit sicher sein können. Das zeigt uns täglich die Realität.

Keine Generation vor uns hatte es so „einfach", in friedlichen und beständigen gesellschaftlichen Rahmenbedingungen aufzuwachsen, älter und alt zu werden.

Wir sind in Freiheit aufgewachsen und brauchten uns vor nichts und niemand zu verstecken. Wir haben uns daran gewöhnt und können uns einen anderen Lebensstil überhaupt nicht für uns vorstellen. Ich liebe meine Freiheit und gebe keinen Fußbreit mehr ab. Keine Generation vor uns hatte die Chance,

„Was für ein herrliches Leben hatte ich!

Ich wünschte nur,

ich hätte es früher bemerkt."

Colette

so gesund, aktiv und selbstbestimmt älter zu werden. Das ist ein unglaubliches Glück!!!!

Ich habe für mich beschlossen, dieses Glück zu genießen und lasse es mir von irgendwelchen Wehwehchen auch nicht madig machen.

Die Chancen für ein gutes und wertvolles Leben liegen vor unseren Füssen. Wir stolpern fast darüber. Das, worauf wir den Blick richten, erscheint uns größer und wichtiger! Ob das nun Sorgen oder Freuden sind.

Wie und wofür wir uns auch immer entscheiden, es steckt stets und überall die Qualitätsfrage dahinter. Welche Qualität hat unsere Entscheidung? Sie wird die Qualität unserer Zukunft mitentscheiden. So einfach ist das!

Es ist eine Frage der Gewöhnung, bewusster durch das Leben zu gehen. Wir leben so sehr „außer" uns, „floaten" oftmals durch das Leben und lassen uns von Menschen, Dingen, Situationen, Erwartungen und Forderungen hin und her treiben. Wir wollen lieb und gut sein und andere glücklich machen. Was so leicht zu haben ist, nehmen andere natürlich gern an und irgendwann reklamieren sie ein Anrecht auf Ihre Gutmütigkeit. Irgendwann

„Es ist sehr wichtig,

in Bewegung zu sein, ein Ziel zu haben,

das zu tun,

was wirklich von Bedeutung ist.

Wenn du das Gefühl hast,

dass etwas getan werden muss,

dann musst du es tun."

Hedwig Dohm

aber ist unser Gefäß leer und es gibt nichts mehr zu geben. Das nennen wir dann „Burnout".

Je bewusster wir uns unseres Lebens werden, desto selbstbewusster werden wir und erkennen immer besser subtile Manipulationen, die uns für andere nach deren Wünschen verfügbar machen sollen. Sich dem unfairen Spiel zu entziehen, hat nichts mit Egozentrik zu tun.

In mehr als einem halben Jahrhundert habe ich viel erlebt, gesehen, gehört und gelesen. Ich bin immer wieder zutiefst betroffen von der Unfähigkeit vieler Menschen, in Frieden und Freude miteinander zu leben, einander zu lieben und zu lassen. Die Brutalität und Gewalt gegen Menschen und Tiere ist unerträglich. Lernen wir Menschen niemals dazu?

Machen wir es endlich besser!

Niemand außer uns selbst ist verantwortlich für unser Glück! Verschenken wir die Chancen nicht, die uns die Wechseljahre bieten!!!

Nur dann können wir Glück weitergeben.

SH

H e r z z e r w ü h l t

hirnzermürbt!

gefühlzertrampelt!

emotionzermartert!

nervenseidenfadendünn!

regenbogenüberspannt?

HS

Alter

Die Zahl, sie klingt mir so abstrakt,
doch zweifellos ist sie ein Fakt.
In dieser Zahl steckt so viel drin,
mein Glück, mein Leid, mein Lebenssinn.

Die Zukunft ist noch ohne Zahl,
bei vielem hab‘ ich noch die Wahl.
Das macht mich froh und sehr gespannt
entdeck‘ ich immer neues Land.

Ich will nicht rasten und nicht rosten,
ich will das Leben weiter kosten.
Kommt irgendwann der letzte Tag,
dann stell‘ ich mir nur diese Frag‘:

Welche Essenz bleibt mir vom Leben?
Es kann nur eine Antwort geben:
Ich wollt‘ so viel als möglich lernen,
griff immer wieder nach den Sternen.

Gab Hoffnung, Liebe weiten Raum,
mein Leben war ein toller Traum!
Nun freu‘ ich mich auf das Erwachen
aus diesem Traum mit einem Lachen…

Impressum

©2016
Brigitte Meyer-Simon Verlag
63456 Hanau

www.leben-trifft-dich.com

ISBN 978-3-9817365-8-8